Dr. Oetker Kartoffeln

Wilhelm Heyne Verlag
München

Inhalt

Vorwort

Und was gibt es dazu? Kartoffeln? Dies ist die klassische Frage, wenn es um die Wahl der Beilage geht. Aber Kartoffeln sind mehr als nur Sättigungsbeilage. Sie sind Grundlage für herzhafte Suppen und Eintöpfe, Salate, Aufläufe und Gratins. Und dabei reich an wertvollen Inhaltsstoffen, die sie zu einem festen Bestandteil unseres Speiseplans machen.

Hinweise zu den Rezepten

Lesen Sie bitte vor der Zubereitung – besser noch vor dem Einkaufen – das Rezept einmal vollständig durch. Oft werden Arbeitsabläufe oder -zusammenhänge dann klarer.

Die Rezepte sind – wenn nicht anders angegeben – für 4 Portionen berechnet.

Zubereitungszeiten

Die Zubereitungszeit ist ein Anhaltswert für die Zeit für Vorbereitung und die eigentliche Zubereitung, Backzeiten sind gesondert ausgewiesen. Längere Wartezeiten wie z. B. Kühl- und Auftauzeiten sind nicht einbezogen.

Abkürzungen

EL	= Esslöffel
TL	= Teelöffel
Msp.	= Messerspitze
Pck.	= Packung/Päckchen
g	= Gramm
kg	= Kilogramm
ml	= Milliliter
l	= Liter
evtl.	= eventuell
geh.	= gehäuft
gestr.	= gestrichen
TK	= Tiefkühlprodukt
°C	= Grad Celsius
Ø	= Durchmesser
E	= Eiweiß
F	= Fett
Kh	= Kohlenhydrate
kJ	= Kilojoule
kcal	= Kilokalorien

Kartoffelsuppe mit Weißwein

6 Portionen – Mit Alkohol

Zubereitungszeit:
etwa 35 Min.

Pro Portion:
E: 4 g, F: 16 g, Kh: 21 g,
kJ: 1215, kcal: 290

600 g vorwiegend fest
   kochende Kartoffeln
200 g Möhren
200 g Porree (Lauch)
40 g Butter
350 ml trockener, leichter
   Weißwein
500 ml (1/2 l) Gemüsebrühe
1/2 TL gemahlener Rosmarin
1/2 TL gemahlener Koriander
1/2 TL Zucker
1 TL Salz
1/2 TL gemahlener weißer
   Pfeffer
1/2 Bund frischer Dill
200 g Schmand

1. Kartoffeln waschen, schälen, abspülen und grob würfeln. Möhren schälen, putzen, abspülen und gut 100 g davon in grobe Stücke schneiden. Die restlichen Möhren fein würfeln und beiseite stellen. Porree putzen, die Stangen längs halbieren, gründlich waschen, abtropfen lassen und in breite Streifen schneiden.

2. 30 g Butter in einem großen Topf zerlassen und den Porree darin andünsten. Kartoffeln und die groben Möhrenstücke dazugeben und ebenfalls andünsten. Die kleinen Möhrenwürfel in einem kleinen Topf mit der restlichen Butter bei schwacher Hitze zugedeckt 5–10 Minuten gar dünsten lassen, evtl. 1–2 Esslöffel Wasser hinzugeben. Anschließend Möhrenwürfel beiseite stellen.

3. Wein und Brühe zum Kartoffel-Gemüse gießen und zum Kochen bringen. Suppe mit Rosmarin, Koriander, Zucker, Salz und Pfeffer würzen und 25–30 Minuten bei schwacher Hitze zugedeckt kochen lassen.

4. Dill abspülen, abtropfen lassen, Blättchen von den Stängeln zupfen und fein hacken. Die Suppe von der Kochstelle nehmen und pürieren. Dill mit dem Schmand unter die Suppe rühren (nicht wieder zum Kochen bringen). Gedünstete Möhrenwürfel ebenfalls unterrühren oder auf die Suppe streuen und die Suppe servieren.

Tipp:
Die Möhrenwürfel mit 1 Teelöffel Zucker im Topf karamellisieren.
Der Schmand kann durch Crème fraîche ersetzt werden.

Kartoffelschaumsuppe mit Buttermilch

Raffiniert – Mit Alkohol

Zubereitungszeit:
etwa 60 Min.

Pro Portion:
E: 6 g, F: 17 g, Kh: 23 g,
kJ: 1211, kcal: 289

150 g Zwiebeln
600 g mehlig kochende
    Kartoffeln
1 1/2 EL (30 g) Butter oder
    Margarine
100 ml trockener Weißwein
    (ersatzweise Buttermilch)
200 ml Buttermilch
750 ml (3/4 l) Gemüsebrühe
Salz
frisch gemahlener Pfeffer
1 TL getrockneter Rosmarin
1 TL getrockneter Thymian
1/2 TL getrocknetes Basilikum
125 g Schlagsahne

1. Zwiebeln abziehen und fein würfeln. Kartoffeln waschen, schälen, abspülen und in kleine Würfel schneiden. Butter oder Margarine in einem Topf erhitzen. Zwiebel- und Kartoffelwürfel darin etwa 5 Minuten unter gelegentlichem Rühren andünsten.

2. Weißwein, Buttermilch und Brühe hinzugießen und mit Salz und Pfeffer würzen. Die Zutaten zum Kochen bringen und zugedeckt etwa 30 Minuten leicht köcheln lassen.

3. Etwa 5 Minuten vor Ende der Garzeit Rosmarin, Thymian und Basilikum zur Suppe geben und mitgaren. In einem Rührbecher Sahne mit Handrührgerät mit Rührbesen steif schlagen und kalt stellen.

4. Die Suppeneinlage (Kartoffeln) in der Suppe mit dem Kartoffelstampfer etwas zerdrücken, bis die Suppe sämig wird (ein Teil der Kartoffelwürfel kann erhalten bleiben). Sahne unterrühren und die Suppe evtl. nochmals abschmecken.

Tipp:

Die Kartoffelsuppe mit dem Kartoffelstampfer (oder mit einer Gabel) und nicht mit dem Pürierstab pürieren – sie wird sonst nicht sämig. Statt der einzelnen getrockneten Kräuter können Sie auch 2–3 Teelöffel der Fertigmischung „Kräuter der Provence" oder „Italienische Kräuter" verwenden.

Variante:

Kartoffelschaumsuppe mit Krabben: Eine schnelle Verfeinerungsidee für Gäste: 100 g Krabbenfleisch und zwei hart gekochte, in Würfel geschnittene Eier sowie Grissini-Stangen separat zur Suppe reichen.

Kartoffel-Mais-Topf mit Kidneybohnen

Leicht

Zubereitungszeit:
etwa 45 Min.

Pro Portion:
E: 18 g, F: 15 g, Kh: 37 g,
kJ: 1498, kcal: 358

500 g kleine, vorwiegend fest
   kochende Kartoffeln
Salz
1 Zwiebel
1 Knoblauchzehe
2 Scheiben (etwa 35 g)
   Frühstücksspeck (Bacon)
1 EL (20 g) Butter oder
   Margarine
400 ml klare Fleischbrühe
1 EL (20 g) Tomatenmark
1 Dose Gemüsemais
   (Abtropfgewicht 285 g)
1 kleine Dose Kidneybohnen
   (Abtropfgewicht 250 g)
Cayennepfeffer
250 g Champignons
2 kleine Pfefferbeißer (Schin-
   kenmettwurst, je 40 g)

1. Kartoffeln waschen und in Salzwasser 20–25 Minuten gar kochen. Kartoffeln abgießen, pellen, beiseite stellen und abkühlen lassen.

2. Zwiebel und Knoblauch abziehen und beides fein würfeln. Frühstücksspeck in kleine Würfel schneiden. Butter oder Margarine in einem Topf zerlassen. Den klein gewürfelten Speck darin knusprig auslassen. Dann Zwiebel- und Knoblauchwürfel dazugeben und goldgelb andünsten.

3. Brühe mit Tomatenmark hinzugeben und alles unter Rühren zum Kochen bringen, damit sich das Tomatenmark auflöst.

4. Mais und Kidneybohnen auf ein Sieb geben, kalt abspülen und abtropfen lassen. Die beiseite gestellten Kartoffeln vierteln. Mais, Kidneybohnen und Kartoffeln zur Brühe geben. Alles mit Salz und Cayennepfeffer würzen, umrühren und bei mittlerer Hitze zugedeckt etwa 5 Minuten garen.

5. Inzwischen Champignons putzen, mit Küchenpapier abreiben und vierteln. Die Pfefferbeißer in Scheiben schneiden. Champignons und Pfefferbeißer zur Suppe geben und alles weitere 5 Minuten garen. Die Suppe vor dem Servieren mit Salz und Cayennepfeffer abschmecken.

Tipp:

Haben Sie Pellkartoffeln vom Vortag übrig, so können Sie diese für die Suppe verwenden.
Statt Pfefferbeißer schmecken auch Knackwürstchen. Diese Variante schmeckt Kindern besonders gut.
Champignons sollen möglichst weiß und noch völlig geschlossen sein. Frische Pilze erkennt man am festen Fleisch. Zuchtchampignons werden meist in dunklen Kellern und stillgelegten Kohlengruben gezogen.

Altdeutsche Kartoffelsuppe

Vegetarisch

Zubereitungszeit:
etwa 90 Min.

Pro Portion:
E: 7 g, F: 24 g, Kh: 27 g,
kJ: 1483, kcal: 354

Für die Suppe:
700 g mehlig kochende
   Kartoffeln
50–75 g Knollensellerie
250 g Möhren
1 Zwiebel
1 Lorbeerblatt
1 Gewürznelke
40 g Butter
1 ¹/₂ l heiße Gemüsebrühe
200 g Porree (Lauch)
125 g Schlagsahne oder
   1 Becher (150 g) Crème
   fraîche
Salz
frisch gemahlener Pfeffer
getrockneter, gerebelter
   Majoran
geriebene Muskatnuss

Für die Einlage:
200 g Pfifferlinge
1 Zwiebel
25 g Butter
2 EL gehackte Kräuter, z. B.
   Kerbel, Schnittlauch, glatte
   Petersilie

1. Für die Suppe Kartoffeln waschen, schälen und abspülen. Knollensellerie schälen, schlechte Stellen herausschneiden. Möhren schälen, Grün und Spitzen abschneiden. Sellerie und Möhren waschen und abtropfen lassen. Die vorbereiteten Zutaten in Würfel schneiden. Zwiebel abziehen und mit Lorbeerblatt und Nelke spicken.

2. Butter in einem Topf zerlassen und Sellerie- und Möhrenwürfel darin unter Rühren andünsten. Kartoffelwürfel, gespickte Zwiebel und Gemüsebrühe dazugeben, zum Kochen bringen und etwa 20 Minuten bei mittlerer Hitze mit Deckel kochen.

3. In der Zwischenzeit Porree putzen, die Stange längs halbieren, gründlich waschen, abtropfen lassen und in Scheiben schneiden. Porreescheiben in die Suppe geben und alles noch etwa 10 Minuten mit Deckel kochen.

4. Die gespickte Zwiebel entfernen. Etwa ein Drittel der Kartoffel-Gemüse-Mischung aus der Suppe schöpfen, pürieren, mit Sahne oder Crème fraîche verrühren und wieder in die Suppe geben. Die Suppe erhitzen und mit Salz, Pfeffer, Majoran und Muskatnuss würzen.

5. Für die Einlage Pfifferlinge mit einem Pinsel säubern, schlechte Stellen wegschneiden, die Pfifferlinge evtl. abspülen und trocken-tupfen. Zwiebel abziehen und in feine Würfel schneiden. Butter in einer Pfanne zerlassen und die Zwiebelwürfel unter Rühren darin andünsten. Die Pfifferlinge dazugeben und etwa 5 Minuten unter häufigem Umrühren dünsten.

6. Die Pfifferlings-Zwiebel-Mischung in die Suppe geben und etwa 5 Minuten ziehen lassen. Die Kartoffelsuppe mit den Kräutern bestreut servieren.

Kartoffelcremesuppe

4 Portionen – Klassisch

Zubereitungszeit:
etwa 40 Min.

Pro Portion:
E: 6 g, F: 23 g, Kh: 27 g,
kJ: 1457, kcal: 347

2 dicke Zwiebeln
1 großes Bund Suppengrün
20 g Butter oder Margarine
350 g Kartoffeln
700 ml Gemüsebrühe
150 g Schlagsahne
Salz
frisch gemahlener Pfeffer
getrocknetes Basilikum
125 g Krabbenfleisch
gehackte Kerbelblättchen

1. Zwiebeln abziehen und würfeln. Suppengrün putzen, waschen, evtl. schälen und klein schneiden. Butter oder Margarine in einem Topf zerlassen und das Gemüse darin andünsten.

2. Kartoffeln schälen, waschen und in Würfel schneiden, mit der Brühe zum Gemüse geben, zum Kochen bringen und etwa 20 Minuten kochen.

3. Die Suppe pürieren und durch ein Sieb passieren. Sahne hinzugießen, erhitzen und die Suppe mit Salz, Pfeffer und Basilikum würzen.

4. Krabben in die Suppe geben und darin erhitzen. Die Suppe mit Kerbelblättchen bestreut servieren.

Tipp:

Anstelle von Krabbenfleisch können Sie auch 1 Brötchen in Würfel schneiden, in 15 g Butter braun rösten und über die Suppe streuen. Oder 1 Hähnchenbrustfilet (etwa 150 g) in Streifen schneiden, salzen und pfeffern und in heißem Öl etwa 5 Minuten anbraten. Die gebratenen Hähnchenbruststreifen mit 1 Esslöffel Crème fraîche in der Suppe servieren.

Kartoffelsuppe mit Majoranklößchen

(Zubereitung im Topf mit Dämpfeinsatz Ø etwa 24 cm) – Einfach

Zubereitungszeit:
etwa 35 Min.
Dämpfzeit: etwa 25 Min.

Pro Portion:
E: 19 g, F: 6 g, Kh: 18 g,
kJ: 2001, kcal: 478

500 g mehlig kochende
  Kartoffeln
1 Zwiebel
1 EL Butter
800 ml Gemüsebrühe
1 kleiner Topf Majoran
2 frische feine Bratwürste
  (je etwa 150 g)
100 g Schlagsahne
Salz
frisch gemahlener Pfeffer

1. Die Kartoffeln schälen, waschen, abtropfen lassen und in gleich große Stücke schneiden. Wasser etwa 3 cm hoch in den Topf füllen und zum Kochen bringen. Kartoffelstücke in den Dämpfeinsatz legen, den Einsatz in den Topf hängen und mit dem Deckel verschließen. Kartoffelstücke in etwa 15 Minuten weich dämpfen.

2. Zwiebel abziehen, halbieren und fein würfeln. Butter in einem Topf zerlassen und die Zwiebelwürfel darin andünsten. Brühe hinzugießen und zum Kochen bringen.

3. Majoran abspülen, trockentupfen und die Blättchen von den Stängeln zupfen. Einige Blättchen zum Garnieren beiseite legen, restliche Blättchen fein schneiden. Bratwurstmasse aus dem Darm in eine Schüssel drücken und Majoran und knapp die Hälfte der Sahne unterrühren.

4. Aus der Masse mit feuchten Händen 16 kleine Klöße formen. Kartoffelstücke durch die Kartoffelpresse in die Gemüsebrühe drücken.

5. Majoranklößchen in den Dämpfeinsatz geben und den Einsatz wieder in den Topf hängen, eventuell heißes Wasser nachfüllen und die Klößchen etwa 10 Minuten dämpfen.

6. Kartoffelsuppe aufkochen lassen, restliche Sahne unterrühren und mit Salz und Pfeffer abschmecken. Kartoffelsuppe mit den Majoranklößchen und beiseite gelegten Majoranblättchen garniert servieren.

Tipp:

Anstatt der Zwiebel kann auch 1/2 Bund Frühlingszwiebeln, geputzt, gewaschen und in feine Ringe geschnitten, verwendet werden.

Kartoffelsalat „Leichte Art"

6 Portionen – Vegetarisch

Zubereitungszeit:
etwa 55 Min., ohne Abkühlzeit

Pro Portion:
E: 9 g, F: 5 g, Kh: 34 g,
kJ: 955, kcal: 227

1,2 kg fest kochende
   Kartoffeln
Salz
Kümmelsamen
6 Tomaten
1 Zucchini
2 Stangen Staudensellerie

Für das Dressing:
2 Bund Schnittlauch
500 g Naturjoghurt
Salz
frisch gemahlener Pfeffer
Zucker
1 EL Kürbiskernöl

1. Kartoffeln gründlich waschen, mit Wasser bedeckt zum Kochen bringen, Salz und Kümmel hinzufügen und zugedeckt in 20–25 Minuten gar kochen. Kartoffeln abgießen, mit kaltem Wasser abschrecken, abtropfen lassen, sofort pellen und lauwarm abkühlen lassen. Kartoffeln in Scheiben schneiden und in eine große Schüssel geben.

2. Tomaten waschen, trockentupfen, vierteln, entkernen und die Stängelansätze herausschneiden. Tomatenviertel in Würfel schneiden.

3. Zucchini waschen, abtrocknen und die Enden abschneiden. Zucchini in dünne Scheiben schneiden oder hobeln. Sellerie putzen und die harten Außenfäden abziehen. Sellerie waschen, abtropfen lassen und in Scheiben schneiden. Selleriescheiben in kochendem Wasser etwa 1 Minute blanchieren, auf ein Sieb geben, mit kaltem Wasser übergießen und abtropfen lassen. Tomatenwürfel, Zucchini- und Selleriescheiben zu den Kartoffelscheiben geben und untermengen.

4. Für das Dressing Schnittlauch abspülen, trockentupfen und in Röllchen schneiden. Joghurt mit Salz, Pfeffer und Zucker verrühren. Kürbiskernöl unterschlagen, Schnittlauchröllchen hinzufügen.

5. Salatzutaten mit dem Dressing mischen und nochmals abschmecken.

Tipp:
Nach Belieben 4 hart gekochte Eier pellen, in Sechstel schneiden und vorsichtig unter den Salat heben.

Warmer Kartoffelsalat mit roten Linsen

4 Portionen – Preiswert

Zubereitungszeit:
etwa 45 Min.,
ohne Durchzieh- und Kühlzeit

Pro Portion:
E: 34 g, F: 33 g, Kh: 53 g,
kJ: 2709, kcal: 647

700 g fest kochende
   Kartoffeln
Salz
300 g rote Linsen
1 Bund Thymian
2 Schalotten oder Zwiebeln
   (etwa 100 g)
100 ml Gemüsebrühe
3 EL weißer Balsamico-Essig
1 TL Kümmelsamen
6 EL Olivenöl
frisch gemahlener Pfeffer
200 g frisch geriebener oder
   gehobelter Gruyère-Käse

1. Kartoffeln waschen, schälen, abspülen und in Würfel schneiden. Kartoffelwürfel in kochendem Salzwasser zugedeckt 15–20 Minuten garen. Anschließend auf ein Sieb geben, mit kaltem Wasser übergießen und abtropfen lassen.

2. Linsen in kochendem Salzwasser etwa 10 Minuten garen. Ebenfalls auf ein Sieb geben, mit kaltem Wasser übergießen und abtropfen lassen.

3. Thymian abspülen und trockentupfen (einige Zweige zum Garnieren beiseite legen). Die Blättchen von den Stängeln zupfen. Kartoffelwürfel und Linsen in eine Schüssel geben. Thymianblättchen darauf verteilen.

4. Schalotten oder Zwiebeln abziehen und in kleine Würfel schneiden. Brühe mit Essig, Schalotten- oder Zwiebelwürfeln, Kümmel und Olivenöl in einem Topf verrühren und erhitzen. Mit Salz und Pfeffer würzen. Die Marinade über die Salatzutaten gießen, einige Male durchschwenken oder vorsichtig umrühren. Den Salat etwa 1 Stunde kalt stellen und durchziehen lassen. Den Salat nochmals mit Essig, Salz und Pfeffer abschmecken.

5. Den Salat vor dem Servieren in einer Mikrowelle oder im vorgeheizten Backofen bei Ober-/Unterhitze bei etwa 160 °C erwärmen. Salat mit Käse bestreuen und mit den beiseite gelegten Thymianzweigen garniert servieren.

Beilage:

In Knoblauchbutter gebratene Baguettescheiben oder -würfel oder Wiener Würstchen.

Kartoffel-Spitzkohl-Salat mit Kasseler

6 Portionen – Preiswert

Zubereitungszeit:
etwa 50 Min., ohne Abkühlzeit

Pro Portion:
E: 18 g, F: 13 g, Kh: 27 g,
kJ: 1371, kcal: 328

1 kg fest kochende kleine
 Kartoffeln
Salz
2 TL ganzer Kümmelsamen
1 mittelgroßer Spitzkohl
 (etwa 600 g)
500 ml ($^1/_2$ l) Gemüsebrühe
350 g Kasseler-Aufschnitt

Für die Sauce:
150 ml Gemüsebrühe
1 Becher (150 g) Crème
 fraîche
1 geh. EL Salatmayonnaise
2 EL körniger Senf
etwas Currypulver
Salz
frisch gemahlener Pfeffer
Zucker
2 TL ganzer Kümmelsamen

Petersilienblättchen

1. Kartoffeln gründlich waschen, mit Wasser bedeckt zum Kochen bringen, Salz und Kümmelsamen hinzugeben und zugedeckt in 20–25 Minuten gar kochen. Kartoffeln abgießen, mit kaltem Wasser abschrecken, abtropfen lassen, sofort pellen und lauwarm abkühlen lassen. Kartoffeln in Scheiben schneiden und beiseite stellen.

2. Spitzkohl putzen, vierteln und den Strunk entfernen. Spitzkohl in feine Streifen schneiden, waschen und abtropfen lassen. Brühe in einem Topf zum Kochen bringen. Kohlstreifen hinzufügen, zum Kochen bringen und 2–5 Minuten kochen lassen. Kohlstreifen auf einem Sieb abtropfen lassen, die Brühe auffangen. Kohlstreifen und Brühe erkalten lassen. Kasseler-Aufschnitt in Streifen schneiden.

3. Für die Sauce Brühe mit Crème fraîche, Mayonnaise und Senf verrühren. Mit Curry, Salz, Pfeffer und Zucker abschmecken. Kümmelsamen unterrühren.

4. Abwechselnd Kartoffelscheiben, Spitzkohl-, Kasselerstreifen und Sauce in eine hohe Glasschale schichten, dabei Kartoffelscheiben mit etwas Salz bestreuen. Mit Petersilienblättchen garnieren.

Warmer Kartoffelsalat mit Bärlauch

4 Portionen – Für Gäste

Zubereitungszeit:
etwa 45 Min., ohne Abkühl-
und Durchziehzeit

Pro Portion:
E: 27 g, F: 16 g, Kh: 24 g,
kJ: 1485, kcal: 355

700 g kleine fest kochende
   Kartoffeln
Salz
1 Bund Bärlauch und einen
   Bärlauchstängel mit
   Blütenansätzen
2 Schalotten oder Zwiebeln
200 ml Gemüsebrühe
2 EL Weißweinessig
4 EL Olivenöl
frisch gemahlener Pfeffer

400 g Hähnchenbrustfilet
2 EL Olivenöl zum Braten
2 EL Schmand (Sauerrahm)

1. Kartoffeln gründlich waschen, mit Wasser bedeckt zum Kochen bringen, Salz zugeben und zugedeckt in 20–25 Minuten gar kochen. Kartoffeln abgießen, mit kaltem Wasser abschrecken, abtropfen lassen, sofort pellen und lauwarm abkühlen lassen. Kartoffeln in Scheiben schneiden und in eine große Schüssel geben.

2. Bärlauch abspülen und trockentupfen. Bärlauchstängel zum Garnieren beiseite legen. Die Blättchen von den Stängeln zupfen. Blättchen klein schneiden. Schalotten oder Zwiebeln abziehen und in kleine Würfel schneiden. Bärlauch, Schalotten- oder Zwiebelwürfel zu den Kartoffelscheiben geben.

3. Brühe mit Essig und Olivenöl in einem Topf erhitzen. Mit Salz und Pfeffer würzen. Die Brühe über die Salatzutaten gießen und vorsichtig mischen. Den Salat 1–2 Stunden durchziehen lassen.

4. Hähnchenbrustfilets unter fließendem kalten Wasser abspülen, trockentupfen und in Würfel schneiden. Olivenöl in einer Pfanne erhitzen und Hähnchenbrustwürfel von allen Seiten darin anbraten. Mit Salz und Pfeffer bestreuen.

5. Den Kartoffelsalat in der Mikrowelle nochmals kurz erwärmen und vorsichtig verrühren, nochmals mit Salz, Pfeffer und Essig abschmecken. Hähnchenbrustwürfel auf dem Salat verteilen und mit dem beiseite gelegten Bärlauchstängel garniert sofort servieren. Schmand verrühren und dazu reichen oder in Klecksen auf den Kartoffelsalat geben.

Tipp:

Wenn es keinen Bärlauch gibt, können Sie 1 Bund Rucola verwenden.

Geschichteter Kartoffel-Pesto-Salat

6 Portionen – Gut vorzubereiten

Zubereitungszeit:
etwa 55 Min., ohne Durchziehzeit

Pro Portion:
E: 22 g, F: 49 g, Kh: 14 g,
kJ: 2408, kcal: 575

Für das Pesto:
60 g Pinienkerne
4 Knoblauchzehen
50 g Rucola (Rauke)
1 TL Salz
200 ml Olivenöl
100 g frisch geriebener
    Parmesan
Salz
frisch gemahlener Pfeffer

1 Zucchini (etwa 350 g)
300 g Champignons
125 ml (1/8 l) Gemüsebrühe
2 EL Weißweinessig
2 TL Zucker
Salz
frisch gemahlener Pfeffer
3 EL Olivenöl
500 g gekochte kleine
    Pellkartoffeln
3 mittelgroße Tomaten
200 g Schweinebraten-
    aufschnitt
 etwas Rucola (Rauke)

1. Für das Pesto Pinienkerne in einer Pfanne ohne Fett hellbraun rösten. Knoblauch abziehen und in kleine Würfel schneiden. Rucola putzen, waschen, abtropfen lassen, trockentupfen und etwas zerkleinern. Die vorbereiteten Zutaten mit Salz in einen hohen Rührbecher geben und mit einem Mixstab pürieren. Olivenöl nach und nach hinzufügen und gut verrühren. Käse unterrühren. Mit Salz und Pfeffer abschmecken.

2. Zucchini waschen, abtrocknen und die Enden abschneiden. Zucchini evtl. längs halbieren und in Scheiben schneiden. Champignons putzen, mit Küchenpapier abreiben, evtl. kurz abspülen, trockentupfen und vierteln.

3. Brühe mit Essig, Zucker, Salz und Pfeffer in einem kleinen Topf zum Kochen bringen und gut aufkochen lassen. Den Topf von der Kochstelle nehmen. Olivenöl unterschlagen.

4. Zucchinischeiben und Champignonviertel in eine Schüssel geben, mit der Marinade übergießen und etwas durchziehen lassen.

5. Kartoffeln pellen und in Scheiben schneiden. Tomaten waschen, kreuzweise einschneiden und einige Sekunden in kochendes Wasser legen. Tomaten kurz in kaltem Wasser abschrecken, enthäuten, halbieren, entkernen und Stängelansätze entfernen. Tomaten in Scheiben schneiden. Bratenaufschnitt in Streifen schneiden.

6. Zucchini- und Champignonviertel abwechselnd mit Kartoffel-, Tomatenscheiben und Fleischstreifen in eine hohe Glasschale schichten. Jeweils etwas Pesto auf den einzelnen Schichten verteilen. Kartoffelscheiben mit Salz bestreuen. Die oberste Schicht soll aus Pesto bestehen.

7. Den Salat nach Belieben mit Rucola garniert servieren.

Kartoffel-Matjes-Salat

6 Portionen – Raffiniert

Zubereitungszeit:
etwa 80 Min., ohne
Durchziehzeit

Pro Portion:
E: 20 g, F: 44 g, Kh: 48 g,
kJ: 2845, kcal: 679

1,5 kg fest kochende
   Kartoffeln
Salz
6 Matjesfilets
1 Bund Frühlingszwiebeln
3–4 säuerliche Äpfel

Für die Sauce:
50 g TK-Kräuter
75 g grob gehackte oder
   halbierte Walnusskerne
500 g Schlagsahne
1 geh. EL mittelscharfer Senf
Salz
frisch gemahlener Pfeffer
5–6 EL Kräuteressig

einige Salatblätter

1. Kartoffeln gründlich waschen, mit Wasser bedeckt zum Kochen bringen, Salz zugeben und in 20–25 Minuten mit Deckel gar kochen. Kartoffeln abgießen, mit kaltem Wasser abschrecken, abtropfen lassen, sofort pellen und lauwarm abkühlen lassen. Kartoffeln in Scheiben schneiden.

2. Matjesfilets abspülen, trockentupfen und in Würfel schneiden, dabei evtl. Gräten entfernen. Frühlingszwiebeln putzen, waschen, abtropfen lassen und in dünne Scheiben schneiden. Äpfel schälen, vierteln, entkernen und in Stifte schneiden.

3. Für die Sauce Kräuter mit Walnusskernen (einige Walnusskernhälften beiseite legen), Sahne und Senf verrühren, mit Salz, Pfeffer und Essig würzen.

4. Matjeswürfel, Frühlingszwiebelscheiben und Apfelstifte mit der Sauce in einer Schüssel vermengen. Kartoffelscheiben unterheben. Den Salat 1–2 Stunden durchziehen lassen und nochmals mit den Gewürzen abschmecken.

5. Den Salat mit den beiseite gelegten Walnusskernhälften bestreuen und mit einigen Salatblättern garnieren.

Bunter Kartoffelsalat mit Thunfisch

6 Portionen – Raffiniert

Zubereitungszeit:
etwa 50 Min.

Pro Portion:
E: 16 g, F: 37 g, Kh: 26 g,
kJ: 2103, kcal: 503

Für die Sauce:
3 frische Eigelb (Größe M)
2 EL mittelscharfer Senf
6 EL Weißweinessig
etwas Zucker
Salz
frisch gemahlener Pfeffer
150 ml Olivenöl
2 rote Zwiebeln

2 Pck. (je 500 g) Baked
   Potatoes (gebackene Kartoffeln aus dem Kühlregal)
2 Dosen Thunfisch in Öl
   (Abtropfgewicht je 150 g)
200 g Staudensellerie
1 Bund glatte Petersilie
250 g Cocktailtomaten
1 rote Paprikaschote

1. Für die Sauce Eigelb, Senf, Essig, Zucker, Salz und Pfeffer in eine Rührschüssel geben und mit Handrührgerät mit Rührbesen verrühren. Nach und nach Olivenöl unterrühren. Zwiebeln abziehen, fein würfeln und hinzufügen.

2. Kartoffeln pellen und in grobe Würfel schneiden. Thunfisch abtropfen lassen und mit einer Gabel zerpflücken.

3. Sellerie putzen und die harten Außenfäden abziehen. Sellerie waschen, abtropfen lassen und in feine Ringe schneiden. Petersilie abspülen und trockentupfen. Die Blättchen von den Stängeln zupfen. Blättchen fein schneiden.

4. Tomaten waschen, trockentupfen und evtl. die Stängelansätze entfernen. Paprika halbieren, entstielen, entkernen und die weißen Scheidewände entfernen. Schote waschen, trockentupfen und in feine Streifen schneiden.

5. Die vorbereiteten Salatzutaten in eine Schüssel geben und mit der Sauce mischen. Den Salat nochmals mit Essig, Zucker, Salz und Pfeffer abschmecken.

Tipp:

Nur ganz frisches Eigelb verwenden, das nicht älter als 5 Tage ist. (Legedatum beachten!) Anstelle der selbst zubereiteten Sauce können Sie auch ein Glas (200 g) Salatmayonnaise verwenden. Baked Potatoes können durch 1 kg gekochte Kartoffeln ersetzt werden, diese nach dem Garen abkühlen lassen und in Würfel schneiden.

Katalanischer Kartoffelsalat

4–6 Portionen – Mit Alkohol

Zubereitungszeit:
etwa 45 Min., ohne Abkühl-
und Durchziehzeit

Pro Portion:
E: 6 g, F: 23 g, Kh: 22 g,
kJ: 1406, kcal: 336

600 g kleine fest kochende
    Kartoffeln
Salz
je 1 rote, grüne und gelbe
    Paprikaschote (etwa 600 g)
1 kleines Glas Kapernäpfel
    (Abtropfgewicht 80 g)
1 Glas schwarze Oliven ohne
    Stein (Abtropfgewicht
    170 g)
1 Glas Sardellenfilets
    (Fischeinwaage 40 g)
1 Bund Basilikum

Für die Salatsauce:
100 g Salatmayonnaise
    (50 % Fett)
5 cl trockener Sherry (fino)
2 EL Weißweinessig
Salz
frisch gemahlener Pfeffer
Knoblauchpulver

1. Kartoffeln gründlich waschen, mit Wasser bedeckt zum Kochen bringen, Salz zugeben und zugedeckt in 20–25 Minuten gar kochen. Kartoffeln abgießen, mit kaltem Wasser abschrecken, abtropfen lassen, sofort pellen und lauwarm abkühlen lassen. Kartoffeln in Scheiben schneiden und in eine große Schüssel geben.

2. Paprika halbieren, entstielen, entkernen und die weißen Scheidewände entfernen. Die Schoten waschen, abtropfen lassen und in Würfel schneiden. Paprikawürfel in kochendem Salzwasser 2–3 Minuten blanchieren, anschließend auf ein Sieb geben, mit kaltem Wasser übergießen und abtropfen lassen.

3. Kapernäpfel und Oliven auf einem Sieb abtropfen lassen. Sardellenfilets evtl. etwas wässern und in kleine Stücke schneiden. Basilikum abspülen und trockentupfen. Die Blättchen von den Stängeln zupfen (einige Blättchen beiseite legen). Blättchen klein schneiden.

4. Paprikawürfel, Kapernäpfel, Oliven, Sardellenfiletstücke und Basilikum zu den Kartoffelscheiben geben und gut mischen.

5. Für die Sauce Mayonnaise mit Sherry und Essig verrühren. Mit Salz, Pfeffer und Knoblauch abschmecken. Die Salatsauce zu den Salatzutaten geben und unterheben.

6. Den Salat kalt gestellt einige Stunden durchziehen lassen. Vor dem Servieren nochmals mit den Gewürzen abschmecken, anrichten und mit den beiseite gelegten Basilikumblättchen garnieren.

Tipp:
Servieren Sie den Salat mit halbierten, hart gekochten Eiern.

Kartoffelsalat mit Räucherfisch

4–6 Portionen – Für Gäste

Zubereitungszeit:
etwa 60 Min., ohne Abkühl-
und Durchziehzeit

Pro Portion:
E: 27 g, F: 20 g, Kh: 23 g,
kJ: 1601, kcal: 382

700 g kleine fest kochende
    Kartoffeln
Salz
500 g Schillerlocken
    (Räucherfisch)
1 Glas Silberzwiebeln
    (Abtropfgewicht 180 g)
1 Glas Gewürzgurken
    (Abtropfgewicht 180 g)
1 Bund (250 g) Radieschen
150 g magerer durchwachse-
    ner Speck

Für die Marinade:
250 ml (¼ l) Gemüsebrühe
4 EL Weißweinessig
4 EL Speiseöl
Salz
frisch gemahlener Pfeffer

1. Kartoffeln gründlich waschen, mit Wasser bedeckt zum Kochen bringen, Salz zugeben und zugedeckt in 20–25 Minuten gar kochen. Kartoffeln abgießen, mit kaltem Wasser abschrecken, abtropfen lassen, sofort pellen und lauwarm abkühlen lassen. Kartoffeln in Scheiben schneiden und in eine große Schüssel geben.

2. Schillerlocken schräg in dünne Scheiben schneiden. Silberzwiebeln und Gurken auf einem Sieb abtropfen lassen. Gurken in Scheiben schneiden. Radieschen putzen, waschen, trockentupfen und ebenfalls in Scheiben schneiden.

3. Speck in Würfel schneiden und in einer erhitzten Pfanne unter Wenden anbraten.

4. Für die Marinade Brühe, Essig und Speiseöl in einem Topf erhitzen. Mit Salz und Pfeffer abschmecken.

5. Schillerlocken-, Radieschenscheiben, Silberzwiebeln, Gurkenscheiben und Speckwürfel mit den Kartoffelscheiben mischen. Die Marinade hinzugießen und vorsichtig mit den Salatzutaten vermengen.

6. Den Salat etwa 2 Stunden kalt stellen und durchziehen lassen. Den Salat vor dem Servieren nochmals abschmecken.

Tipp:

Sie können den Salat schon am Vortag zubereiten. Je länger er durchzieht, desto besser schmeckt er.

Tortilla mit Garnelen

4 Portionen – Für Gäste

Zubereitungszeit:
etwa 25 Min., ohne Auftauzeit

Pro Portion:
E: 26 g, F: 47 g, Kh: 16 g,
kJ: 2601, kcal: 621

1 Pck. Barbecue-Garnelen,
   etwa 300 g
400 g Kartoffeln
5 EL Olivenöl
Salz
frisch gemahlener Pfeffer
je 1 rote und gelbe
   Paprikaschote
200 g Zucchini
6 Eier (Größe M)
250 g Schlagsahne
50 g frischer Parmesan
2 Tomaten
Schnittlauchröllchen
Petersilie

1. Die Garnelen nach Packungsanleitung auftauen. Kartoffeln schälen, waschen, in dünne Scheiben schneiden und in 2 Esslöffeln Olivenöl braten, mit Salz und Pfeffer würzen und warm stellen.

2. Paprikaschoten entstielen, entkernen und die weißen Scheidewände entfernen. Schoten waschen und in feine Streifen schneiden. Zucchini waschen, abtrocknen, die Enden abschneiden und Zucchini in dünne Scheiben schneiden. Paprika und Zucchini in dem restlichen Öl andünsten, würzen und ebenfalls warm stellen.

3. Garnelen trockentupfen und im verbliebenen Öl anbraten. Gemüse und Kartoffeln hinzufügen.

4. Eier mit der Sahne und Parmesan verrühren, salzen, pfeffern und in die Pfanne geben.

5. Tomaten kurze Zeit in kochendes Wasser legen (nicht kochen lassen), in kaltem Wasser abschrecken, enthäuten und die Stängelansätze entfernen. Die Tomaten entkernen, würfeln und darüber verteilen. Zugedeckt bei schwacher Hitze etwa 10 Minuten stocken lassen.

6. Tortilla in Stücke schneiden und mit Schnittlauch bestreut servieren.

Tipp:

Wer keine Barbecue-Garnelen bekommt, kann aufgetaute TK-Garnelen verwenden und nach dem Braten mit 2 abgezogenen, durchgepressten Knoblauchzehen bestreuen.
Wer es scharf mag, kann 1 grüne Chilischote entstielen, halbieren, entkernen, abspülen, fein würfeln und mit den Tortillazutaten mischen.

Kartoffel-Gemüseragout mit Dill

Klassisch

Zubereitungszeit:
etwa 45 Min.

Pro Portion:
E: 6 g, F: 16 g, Kh: 23 g,
kJ: 1095, kcal: 262

4 Möhren (etwa 400 g)
2 Kohlrabi (etwa 400 g)
1 Salat- oder Schmorgurke
   (etwa 400 g)
500 g grüner Spargel
400 g kleine, fest kochende
   Kartoffeln
1 Bund Dill
2 Knoblauchzehen
6 EL Olivenöl
200 ml Gemüsebrühe
Salz
frisch gemahlener Pfeffer

1. Möhren putzen, schälen, waschen, abtropfen lassen und in Scheiben schneiden. Kohlrabi schälen, abspülen, abtropfen lassen und in Stifte schneiden. Gurke waschen, trockentupfen, längs halbieren und die Kerne mit einem Löffel entfernen. Gurke in etwa 2 cm dicke Stücke schneiden.

2. Von dem Spargel das untere Drittel schälen und die unteren Enden abschneiden. Spargelstangen je nach Länge halbieren oder dritteln.

3. Kartoffeln unter fließendem kalten Wasser sehr gründlich abbürsten. Dill abspülen und trockentupfen. Die Spitzen von den Stängeln zupfen und klein schneiden. Knoblauch abziehen und in kleine Würfel schneiden.

4. Kartoffeln in kochendem Salzwasser etwa 15 Minuten garen. Möhrenscheiben und Spargelstücke in kochendem Salzwasser 5 Minuten, Kohlrabi 3 Minuten garen. Die Gemüsezutaten jeweils auf einem Sieb abtropfen lassen.

5. Jeweils etwas Olivenöl in einer Pfanne erhitzen. Die vorbereiteten Gemüsezutaten nacheinander darin andünsten und in einen großen Topf geben. Brühe hinzugießen und mit Salz und Pfeffer würzen. Dill und Knoblauchwürfel unterrühren, die Zutaten zum Kochen bringen und zugedeckt bei schwacher Hitze 10–15 Minuten garen.

Beilage:
Baguette oder Zwiebelbaguette mit Kräuter-Knoblauch-Butter.

Tipp:
Das Kartoffel-Gemüseragout nach Belieben mit etwas Speisestärke andicken oder 150 g Crème légère unterrühren.

Rösti mit Schinken

Schnell

Zubereitungszeit:
etwa 25 Min.

Pro Portion:
E: 9 g, F: 38 g, Kh: 31 g,
kJ: 2157, kcal: 515

750 g Kartoffeln
Salz
frisch gemahlener, weißer
   Pfeffer
6 EL Speiseöl
1/2 Bund Schnittlauch
1 Topf Basilikum
1 Becher (150 g) Crème
   fraîche
geriebene Muskatnuss
100 g geräucherter Schinken

1. Kartoffeln waschen, in so viel Wasser zum Kochen bringen, dass sie gerade bedeckt sind, Salz zugeben und 10 Minuten kochen lassen, pellen, abkühlen lassen, grob raffeln und mit Salz und Pfeffer würzen.

2. Öl in einer Pfanne erhitzen, Kartoffeln in kleinen Häufchen hineingeben, flach drücken und in 5–8 Minuten auf beiden Seiten goldgelb backen.

3. Schnittlauch und Basilikum abspülen, etwas zum Garnieren beiseite legen, den Rest fein hacken und mit Crème fraîche, Salz und Muskat verrühren.

4. Rösti mit Schinken und Crème fraîche anrichten. Mit Schnittlauch und Basilikumblättchen garniert servieren.

Tipp:

Statt Schinken können Sie auch fein geschnittenen Lachs verwenden. In die Kartoffelmasse können auch Speck- oder Zwiebelwürfel gemischt werden. Der Rösti wird dann herzhafter. Für vegetarische Varianten können auch geriebener Emmentaler oder gehackte Kräuter hinzugefügt werden.

Variante:

Die Rösti mit 1–2 Tomatenscheiben, 2 Salamischeiben und 1 Mozzarellascheibe belegen, mit Zitronenpfeffer würzen und auf einem Backblech in den heißen Backofen schieben, bei Ober-/Unterhitze: etwa 200 °C, Heißluft: etwa 180 °C etwa 5 Minuten überbacken.

Kartoffeln aus der Pfanne

Kartoffelspieße mit Frühlingszwiebeln

Schnell

Zubereitungszeit:
etwa 30 Min.

Pro Portion:
E: 16 g, F: 61 g, Kh: 35 g,
kJ: 3247, kcal: 775

800 g kleine Kartoffeln
  (etwa 24 Stück)
Salz
160 g durchwachsener Speck
4 Frühlingszwiebeln
6 EL Olivenöl
1 TL gerebelter Rosmarin

Für den Quark-Dip:
250 g Speisequark
  (Magerstufe)
frisch gemahlener, bunter
  Pfeffer
125 g Schlagsahne

1. Kartoffeln waschen, in Wasser zum Kochen bringen, Salz hinzufügen und etwa 10 Minuten kochen lassen, abgießen und evtl. halbieren oder vierteln.

2. Speck in etwa 2 cm große Stücke schneiden. Frühlingszwiebeln putzen, waschen, das Grün bis auf etwa 15 cm abschneiden und beiseite legen, Frühlingszwiebeln in je 4 Stücke schneiden. Kartoffeln, Speck und Frühlingszwiebeln auf 8 Spieße stecken.

3. Spieße mit Öl bepinseln, auf den heißen Grillrost legen und unter Wenden etwa 8 Minuten grillen, zwischendurch mit Öl bepinseln

4. Kurz vor Ende der Grillzeit das restliche Öl mit Rosmarin und Salz verrühren, die Spieße damit bestreichen und noch kurz weitergrillen.

5. Für den Dip Quark mit dem klein geschnittenen Frühlingszwiebelgrün, Salz, Pfeffer und Sahne verrühren und zu den Spießen servieren.

Tipp:
Nach Belieben können die Kartoffelspieße auch mal mit anderen Gemüsesorten kombiniert werden, z. B. mit Champignons, Cocktailtomaten oder etwa 3 mm dicken Zucchinischeiben.

Reibekuchen

Klassisch

Zubereitungszeit:
etwa 45 Min.

Pro Portion:
E: 11 g, F: 25 g, Kh: 38 g,
kJ: 1752, kcal: 418

1 kg fest kochende Kartoffeln
1 Zwiebel
3 Eier
1 TL Salz
40 g Weizenmehl
100 ml Speiseöl

1. Kartoffeln schälen und abspülen. Zwiebel abziehen. Kartoffeln und Zwiebel auf der Küchenreibe grob reiben. Eier, Salz und Mehl dazugeben und in einer Schüssel gut verrühren.

2. Etwas Öl in einer Pfanne erhitzen. Den Teig portionsweise mit einer Saucenkelle oder einem Esslöffel hineingeben, sofort flach drücken und bei mittlerer Hitze von beiden Seiten braten, bis der Rand knusprig braun ist.

3. Die fertigen Reibekuchen aus der Pfanne nehmen, überschüssiges Fett mit Küchenpapier abtupfen. Die Reibekuchen sofort servieren oder warm stellen. Den restlichen Teig auf die gleiche Weise braten.

Tipp:
Wenn Sie die Hälfte des Mehls durch 2–3 Esslöffel Haferflocken ersetzen, werden die Reibekuchen noch knuspriger.

Variante 1:
Reibekuchen mit Schnippelschinken: Dafür die Reibekuchen mit feinen Schinkenstreifen und Crème fraîche oder Schmand servieren.

Variante 2:
Reibekuchen mit Räucherlachs: Dafür 1 Becher Schmand mit 2–3 Teelöffeln Sahne-Meerrettich verrühren, evtl. 1 Esslöffel frischen gehackten Dill unterrühren und die Reibekuchen mit etwa 150 g Räucherlachs in Scheiben und Meerrettichcreme servieren.

Kartoffeln aus der Pfanne

Kartoffelgratin

Beliebt

Zubereitungszeit:
etwa 25 Min.
Garzeit: etwa 40 Min.

Pro Portion:
E: 8 g, F: 15 g, Kh: 33 g,
kJ: 1270, kcal: 302

1 Knoblauchzehe
1 EL Butter
800 g Kartoffeln
Salz
frisch gemahlener Pfeffer
geriebene Muskatnuss
125 ml (1/8 l) Milch
125 g Schlagsahne

2–3 EL geriebener Parmesan

1. Knoblauchzehe abziehen und durchschneiden, eine große, flache, feuerfeste Form mit Butter ausstreichen und mit der Knoblauchzehe einreiben.

2. Kartoffeln waschen, schälen, abspülen, trockentupfen und in dünne Scheiben schneiden. Scheiben dachziegelartig schräg in die vorbereitete Form einschichten und mit Salz, Pfeffer und Muskat bestreuen.

3. Milch und Sahne verrühren und über die Kartoffelscheiben gießen. Alles mit Parmesan bestreuen, die Form auf dem Rost in die mittlere Einschubleiste des vorgeheizten Backofens schieben und das Gratin goldbraun backen.

Ober-/Unterhitze: 200 °C
Heißluft: 180 °C
Garzeit: etwa 40 Minuten.

Tipp:

Besonders fein werden die Kartoffelscheiben, wenn sie mit einem Gurkenhobel geschnitten werden.
Passt sehr gut zu Fleisch-, Fisch- oder Gemüsegerichten ohne Sauce. Geben Sie noch 100 g geriebenen Emmentaler oder Gouda über das Gratin.
Eine Knoblauchzehe abziehen, durch eine Knoblauchpresse drücken und in die Sauce rühren – das gibt eine besondere Note.

Variante:

Kartoffel-Gemüse-Gratin.
Dazu 400 g Kartoffeln wie beschrieben vorbereiten.
400 g vorbereitete Möhren, Zucchini oder Sellerieknolle in Scheiben schneiden und im Wechsel mit den Kartoffelscheiben in die Form schichten. Alles mit der Sauce übergießen, evtl. mit gemischten gehackten Kräutern verfeinern und wie angegeben backen.

Kartoffeln aus dem Ofen

Griechische Kartoffelpfanne

Einfach – Vegetarisch

Zubereitungszeit:
etwa 30 Min.

Pro Portion:
E: 23 g, F: 43 g, Kh: 39 g,
kJ: 2811, kcal: 672

1 rote Paprikaschote
   (etwa 150 g)
6 Zweige Oregano
4 Knoblauchzehen
800 g Pellkartoffeln, gekocht
80 g Butterschmalz
400 g Feta-Käse (griechischer
   Schafskäse)
Salz
frisch gemahlener Pfeffer
1 kleines Glas grüne Oliven,
   ohne Kern
1 kleines Glas schwarze
   Oliven, ohne Kern

1. Paprikaschote halbieren, entstielen, entkernen und die weißen Scheidewände entfernen, Schote waschen und in Würfel schneiden. Oregano abspülen, trockentupfen und die Blättchen von den Stängeln zupfen und hacken. Knoblauch abziehen und fein hacken.

2. Pellkartoffeln pellen und in Scheiben schneiden.

3. Die Hälfte von dem Butterschmalz in einer Pfanne erhitzen und die Kartoffelscheiben unter Wenden darin goldbraun braten, zwischendurch umrühren.

4. Feta-Käse in Würfel schneiden. Kartoffeln mit Salz und Pfeffer würzen und aus der Pfanne nehmen. Das restliche Butterschmalz in die Pfanne geben, Knoblauch und Paprikawürfel unter Wenden etwa 5 Minuten darin dünsten und mit Salz und Pfeffer würzen.

5. Kartoffeln, Feta, Oregano und Oliven in die Pfanne geben, vermengen, erhitzen und im Backofen unter dem vorgeheizten Grill kurz überbacken.

Beilage:
Fladenbrot und griechischer Rotwein.

Ofenkartoffeln mit Gemüse-Quark-Füllung

Titelrezept – Vegetarisch – Einfach

Zubereitungszeit:
etwa 20 Min.
Backzeit: etwa 60 Min.

Pro Portion:
E: 23 g, F: 1 g, Kh: 45 g,
kJ: 1216, kcal: 290

4 große fest kochende
   Ofenkartoffeln (je etwa
   250 g)

je 1 kleine rote, grüne und
   gelbe Paprikaschote
500 g Speisequark
   (Magerstufe)
1 Pck. (50 g) gehackte
   TK-Küchenkräuter
1 EL geriebener Meerrettich
   (aus dem Glas)
Salz
frisch gemahlener Pfeffer
1 Bund glatte Petersilie

Außerdem:
4 Bögen Alufolie

1. Kartoffeln gründlich waschen, evtl. mit einer Bürste abbürsten und trockentupfen. Jede Kartoffel in einen Bogen Alufolie wickeln und auf ein Backblech legen. Das Backblech in den vorgeheizten Backofen schieben.

> Ober-/Unterhitze: etwa 200 °C
> Heißluft: etwa 180 °C
> Backzeit: etwa 60 Minuten.

2. Paprikaschoten halbieren, entstielen, entkernen und die weißen Scheidewände entfernen. Schoten waschen, abtropfen lassen und in kleine Würfel schneiden. 1–2 Esslöffel der Paprikawürfel zum Garnieren beiseite legen.

3. Quark in eine Rührschüssel geben und Paprikawürfel, Kräuter und Meerrettich unterrühren, mit Salz und Pfeffer würzen.

4. Petersilie abspülen und trockentupfen. Die Blättchen von den Stängeln zupfen.

5. Gegarte Ofenkartoffeln aus der Alufolie nehmen. Ofenkartoffeln kreuzweise einschneiden, etwas aufdrücken und mit dem Gemüsequark füllen.

6. Ofenkartoffeln mit den beiseite gelegten Paprikawürfeln und Petersilienblättchen garniert servieren.

Tipp:

Wenn Sie keine großen Ofenkartoffeln bekommen, können Sie pro Person auch 2 kleinere fest kochende Kartoffeln verwenden.

Auberginenauflauf mit Kartoffeln

Beliebt

Zubereitungszeit:
etwa 30 Min.
Garzeit: etwa 30 Min.

Pro Portion:
E: 16 g, F: 53 g, Kh: 33 g,
kJ: 2839, kcal: 679

500–600 g vorwiegend fest
    kochende Kartoffeln
2 Auberginen
5–6 EL Speiseöl
3 Fleischtomaten
Salz
frisch gemahlener Pfeffer

Für den Guss:
1 Becher (150 g) Crème
    fraîche
250 g Schlagsahne
100 g geriebener Emmentaler
Kräuter der Provence

1. Kartoffeln waschen und mit Salzwasser bedeckt zum Kochen bringen. Kartoffeln in 15–20 Minuten gar kochen lassen, abgießen, pellen und etwas abgekühlt in Scheiben schneiden.

2. Inzwischen Auberginen waschen, abtrocknen und die Stängelansätze abschneiden. Die Auberginen in Scheiben schneiden, mit Salz bestreuen und 15–20 Minuten ziehen lassen. Auberginenscheiben mit Küchenpapier trockentupfen, in erhitztem Öl leicht anbraten und auf Küchenpapier abtropfen lassen.

3. Tomaten waschen, die Stängelansätze herausschneiden und Tomaten in Scheiben schneiden.

4. Nacheinander Kartoffel-, Tomaten- und Auberginenscheiben in eine flache Auflaufform einschichten, dabei die einzelnen Schichten salzen und pfeffern.

5. Für den Guss Crème fraîche mit Sahne und geriebenem Emmentaler verrühren, mit Salz, Pfeffer und Kräutern der Provence würzen, über das Gemüse verteilen und die Form auf dem Rost in den vorgeheizten Backofen schieben.

Ober-/Unterhitze: etwa 200 °C
Heißluft: etwa 180 °C
Garzeit: etwa 30 Minuten.

Beilage:
Blattsalat mit Vinaigrette.

Kartoffelrösti, raffiniert belegt

24 Stück – Einfach

Zubereitungszeit:

etwa 30 Min.
Garzeit: 16–18 Min.

Pro Stück:

E: 5 g, F: 9 g, Kh: 8 g,
kJ: 586, kcal: 140

24 TK-Kartoffelrösti für den
Backofen
500 g Käse mit Knoblauch
in Scheiben
16 Cocktailtomaten
3 Möhren
Salzwasser
einige Stängel Basilikum
einige Stängel Schnittlauch
frisch gemahlener grober
Pfeffer

1. Kartoffelrösti aus der Packung nehmen und auf ein Backblech (mit Backpapier belegt) legen. Das Backblech in den vorgeheizten Backofen schieben.

Ober-/Unterhitze: etwa 220 °C
Heißluft: etwa 200 °C
Garzeit: etwa 8 Minuten.

2. In der Zwischenzeit Käsescheiben diagonal halbieren. Tomaten waschen, abtropfen lassen, halbieren und die Stängelansätze herausschneiden. Möhren putzen, schälen, abspülen und abtropfen lassen. Möhren in gleichmäßig dünne Scheiben schneiden. Salzwasser zum Kochen bringen und die Möhrenscheiben darin etwa 3 Minuten garen, dann herausnehmen und abtropfen lassen.

3. Kartoffelrösti wenden, mit Tomatenhälften, Möhrenscheiben und Käsedreiecken belegen. Das Backblech wieder in den Backofen schieben und **bei der oben angegebenen Backofeneinstellung weitere 8–10 Minuten backen,** bis der Käse zerlaufen ist.

4. Basilikum und Schnittlauch abspülen und trockentupfen. Basilikumblättchen von den Stängeln zupfen. Schnittlauch in feine Röllchen schneiden. Rösti mit Pfeffer bestreuen und mit Kräutern garnieren.

Variante:

Überbackene Mozzarellapuffer: Dafür Kartoffelpuffer oder -rösti mit Salamischeiben, Tomatenscheiben und Mozzarella belegen, mit buntem Pfeffer bestreuen und überbacken.

Kartoffelrösti mit Lachs: Dafür je 2 Rösti mit einer Scheibe Lachs, Crème fraîche und Kaviar anrichten, mit Zitrone und Dill garnieren.

Erbsen-Kartoffelpüree

Schnell

Zubereitungszeit:
etwa 25 Min.

Pro Portion:
E: 24 g; F: 7 g; Kh: 65 g;
kJ: 1799; kcal: 429

1 kg mehlig kochende
   Kartoffeln
200 ml Milch
300 g TK-Erbsen
2 leicht geh. EL Butter
Salz
geriebene Muskatnuss
frisch gemahlener Pfeffer
2 EL gehackter Kerbel

1. Kartoffeln waschen, schälen, abspülen, zugedeckt in Salzwasser zum Kochen bringen und in 20–25 Minuten gar kochen lassen. Anschließend Kartoffeln abgießen und abdämpfen. Kartoffeln noch heiß durch eine Kartoffelpresse geben oder fein zerstampfen. Milch erhitzen und unterrühren.

2. In der Zwischenzeit Erbsen zugedeckt in etwas Salzwasser gar dünsten. Erbsen auf einem Sieb abtropfen lassen und anschließend noch warm mit der Butter vermengen. Buttererbsen unter das Püree rühren und mit Salz, Muskat und Pfeffer würzen. Das Erbsen-Kartoffelpüree vor dem Servieren mit Kerbel verrühren.

Tipp:
Servieren Sie das Erbsen-Kartoffelpüree zu kurz gebratenem Fleisch (z. B. Kotelett oder Hähnchenbrustfilet).

Möhren-Kartoffelpüree

Preiswert

Zubereitungszeit:
etwa 40 Min.

Pro Portion:
E: 4 g; F: 3 g; Kh: 23 g;
kJ: 576; kcal: 138

700 g Möhren
500 g Kartoffeln
100 g saure Sahne (10% Fett)
Salz
frisch gemahlener Pfeffer
geriebene Muskatnuss
2 EL gehackte glatte Petersilie

1. Möhren schälen, putzen und abspülen. Kartoffeln waschen, schälen und abspülen. Möhren und Kartoffeln in grobe Würfel schneiden. Die Würfel zugedeckt in Salzwasser zum Kochen bringen, etwa 15 Minuten garen und abtropfen lassen, dabei etwas von der Kochflüssigkeit auffangen.

2. Möhren- und Kartoffelwürfel pürieren, saure Sahne unterrühren und mit Salz, Pfeffer und Muskat würzen, evtl. etwas von der Kochflüssigkeit unterrühren. Petersilie unter das Püree rühren.

Tipp:
Möhren-Kartoffelpüree schmeckt gut als Beilage zu gebratenem Fleisch oder Fisch.

Kartoffelklöße

12 Stück – Klassisch

Zubereitungszeit:
etwa 60 Min.

Pro Portion:
E: 13 g, F: 18 g, Kh: 79 g,
kJ: 2242, kcal: 535

1 1/2 kg mehlig kochende
  Kartoffeln
250 ml (1/4 l) Milch
70 g Butter oder Margarine
Salz
150 g Hartweizengrieß
1 Brötchen (Semmel)
Salzwasser (auf 1 l Wasser
  1 TL Salz)

1. Kartoffeln schälen, abspülen und in eine Schüssel mit kaltem Wasser reiben, auf ein Sieb geben und dann in einem Küchentuch gut auspressen.

2. Milch mit 40 g Butter oder Margarine und etwa 2 Teelöffeln Salz zum Kochen bringen. Grieß unter Rühren einstreuen, kurz aufkochen lassen, sofort zu den ausgepressten Kartoffeln geben und mit Handrührgerät mit Knethaken zu einer einheitlichen Masse verkneten. Die Masse nochmals mit Salz abschmecken.

3. Brötchen in kleine Würfel schneiden. Die restliche Butter oder Margarine in einer Pfanne zerlassen und die Brötchenwürfel darin unter gelegentlichem Wenden braun rösten.

4. In einem großen Topf so viel Salzwasser zum Kochen bringen, dass die Klöße in der Flüssigkeit „schwimmen" können.

5. Aus der Kartoffelmasse mit nassen Händen 12 Klöße formen, dabei in jeden Kloß einige Brötchenwürfel drücken. Die Klöße in das kochende Salzwasser geben, wieder zum Kochen bringen und in etwa 20 Minuten ohne Deckel gar ziehen lassen (das Wasser muss sich leicht bewegen). Die garen Klöße mit einer Schaumkelle aus dem Wasser nehmen und gut abtropfen lassen.

Tipp:

Die rohen Kartoffelklöße als Beilage zu Braten und Fleischgerichten mit Sauce servieren.

Übrig gebliebene Klöße in Scheiben schneiden und in erhitztem Butterschmalz oder Speiseöl von beiden Seiten goldbraun braten.

Bratkartoffeln auf dem Blech

Schnell

Zubereitungszeit:
etwa 20 Min.
Backzeit: etwa 25 Min.

Pro Portion:
E: 12 g, F: 16 g, Kh: 39 g,
kJ: 1462, kcal: 349

1 kg fest kochende Kartoffeln
2 kleine Zwiebeln
150 g durchwachsener Speck
6 EL Speiseöl
1 EL Salz
frisch gemahlener Pfeffer

1. Kartoffeln unter fließendem kalten Wasser gründlich abbürsten, abtrocknen und mit Schale in Scheiben schneiden. Zwiebeln abziehen und fein würfeln. Speck ebenfalls fein würfeln.

2. Kartoffelscheiben mit Zwiebel- und Speckwürfeln und Öl in eine Schüssel geben, mit Salz und Pfeffer würzen und alles gut vermengen. Die Kartoffeln auf einem Backblech (mit Backpapier belegt) gleichmäßig verteilen und in den vorgeheizten Backofen schieben.

Ober-/Unterhitze: etwa 220 °C
Heißluft: etwa 200 °C
Backzeit: etwa 25 Minuten.

3. Die Kartoffeln zwischendurch einmal wenden. Das Backblech aus dem Backofen nehmen und die Kartoffeln sofort servieren.

Beilage:
Spiegelei oder 2–3 dicke Scheiben Sülze mit Remouladensauce und Blattsalat.

Tipp:
Der Speck kann weggelassen werden, dann erhöhen Sie das Öl um 2 Esslöffel. Bestreuen Sie die Kartoffeln vor dem Servieren mit gehackter Petersilie.

Ratgeber

Die Kartoffel – vom Nachtschattengewächs zur Küchenkönigin

Die Kombination aller Inhaltsstoffe krönt die Kartoffel zum einzigartigen Nahrungsmittel. Vitamine, Mineral-, Nähr- und Ballaststoffe – es steckt alles drin und ein Schlankmacher ist sie außerdem. Wer seine Kartoffelgerichte fettarm und schonend zubereitet, nutzt die Nährwerte am besten. Zum Garen daher immer nur wenig Wasser verwenden.

Auf die Sorten kommt es an

Kartoffelgerichte gelingen am besten, wenn man dafür die geeignetste Sorte verwendet. Es gibt drei Kochtypen:
Fest kochend – ideal für Salate, Salz-, Pell- und Bratkartoffeln
Sorten: Cilena, Hansa, Sieglinde
Vorwiegend fest kochend – für Salz-, Pell- und Bratkartoffeln, Folienkartoffeln oder Kartoffelgemüse
Sorten: Christa, Gloria, Granola
Mehlig kochend – die besten für Kartoffeln, Klöße, Kartoffelpuffer und Plätzchen, Suppen und Eintöpfe
Sorten: Adretta, Ilona, Bintje

Kartoffel-Kniffe

- Kartoffeln verfärben sich schnell: Daher erst kurz vor dem Zubereiten schälen und in kaltes Wasser legen.
- Perfekte Pellkartoffeln: Wählen Sie möglichst gleich große Kartoffeln aus, damit alle zur gleichen Zeit gar sind. Gar sind sie dann, wenn sie sich mühelos mit Gabel oder Messer einstechen lassen.

- Schöne Salzkartoffeln: Garen gleichmäßig, wenn Sie die geschälten Kartoffeln in etwa gleich große Stücke schneiden.
- Bitte mit Schale: Neue Kartoffeln heimischer Sorten gibt es ab Juni. Ihre Schale ist so dünn, dass man sie mitessen kann. Waschen oder bürsten Sie die Kartoffeln vor der Zubereitung gründlich ab. Mit Schale behält die Kartoffel ihre Mineralstoffe. Dafür hat die Frühkartoffel weniger Stärke und eignet sich nicht so gut für Klöße, Kartoffelteig oder Kartoffelgemüse.
- Abdämpfen: Damit auch das verbliebene Kochwasser am Topfboden nach dem Abgießen abdampft, schwenken Sie den offenen Topf leicht über der heißen Herdplatte. Sie können dazu auch ein Küchentuch oder -papier zwischen Topf und Deckel legen.

Register

Hinweis: Wenn Sie Anregungen, Vorschläge oder Fragen haben, rufen Sie unter folgenden Nummern an: (05 21) 1 55 25 80 oder (05 21) 52 06 58. Oder schreiben Sie an: Dr. Oetker Verlag KG, Redaktion Sonderprojekte, Am Bach 11, 33602 Bielefeld

Copyright: © 2007 by Dr. Oetker Verlag KG, Bielefeld

Taschenbucherstausgabe 11/2007

Genehmigte Lizenzausgabe für den Wilhelm Heyne Verlag, München, in der Verlagsgruppe Random House GmbH, www.heyne.de

Printed in Germany 2007

Redaktion: Jasmin Gromzik, Miriam Krampitz

Titelfoto: Thomas Diercks, Hamburg
Innenfotos: Thomas Diercks, Hamburg (S. 17–29, 33, 35, 41, 49–57)
Ulli Hartmann, Halle/Westf. (S. 7, 47)
Ulrich Kopp, Sindelfingen (S. 13, 15)
Christiane Krüger, Hamburg (S. 39)
Bernd Lippert (S. 37)
Antje Plewinski, Berlin (S. 45, 61)
Hans-Joachim Schmidt, Hamburg (S. 9, 11)
Brigitte Wegner, Bielefeld (S. 31, 59)
Bernd Wohlgemuth, Hamburg (S. 43)

Gestaltung und Satz: M•D•H Haselhorst, Bielefeld
Umschlaggestaltung: kontur:design, Bielefeld

Druck und Bindung: RMO, München

ISBN 978-3-453-85548-9